百角文库

中华大人物
科学大家

赵澄秋 等 编写

中国少年儿童新闻出版总社
中国少年儿童出版社
北京

图书在版编目（CIP）数据

科学大家 / 赵澄秋等编写 . -- 北京：中国少年儿童出版社，2024.1

（百角文库 . 中华大人物）

ISBN 978-7-5148-8427-2

Ⅰ . ①科… Ⅱ . ①赵… Ⅲ . ①科学家 – 生平事迹 – 中国 – 古代 – 青少年读物 Ⅳ . ① K826.1-49

中国国家版本馆 CIP 数据核字（2023）第 254476 号

KEXUE DAJIA
（百角文库·中华大人物）

出版发行：中国少年儿童新闻出版总社
中国少年儿童出版社

执行出版人：马兴民

丛书策划：	马兴民 缪 惟	美术编辑：	徐经纬
丛书统筹：	何强伟 李 橦	装帧设计：	徐经纬
责任编辑：	徐 伟	标识设计：	曹 凝
责任校对：	夏明媛	封面图：	宣 懿
责任印务：	厉 静		

社　　址：	北京市朝阳区建国门外大街丙 12 号	邮政编码：	100022
编 辑 部：	010-57526270	总 编 室：	010-57526070
发 行 部：	010-57526568	官方网址：	www.ccppg.cn

印刷：河北宝昌佳彩印刷有限公司

开本：787mm×1130mm　1/32	印张：3
版次：2024 年 1 月第 1 版	印次：2024 年 1 月第 1 次印刷
字数：30 千字	印数：1—5000 册
ISBN 978-7-5148-8427-2	定价：12.00 元

图书出版质量投诉电话：010-57526069　　电子邮箱：cbzlts@ccppg.com.cn

序

提供高品质的读物,服务中国少年儿童健康成长,始终是中国少年儿童出版社牢牢坚守的初心使命。当前,少年儿童的阅读环境和条件发生了重大变化。新中国成立以来,很长一个时期所存在的少年儿童"没书看""有钱买不到书"的矛盾已经彻底解决,作为出版的重要细分领域,少儿出版的种类、数量、质量得到了极大提升,每年以万计数的出版物令人目不暇接。中少人一直在思考,如何帮助少年儿童解决有限课外阅读时间里的选择烦恼?能否打造出一套对少年儿童健康成长具有基础性价值的书系?基于此,"百角文库"应运而生。

多角度,是"百角文库"的基本定位。习近平总书记在北京育英学校考察时指出,教育的根本任务是立德树人,培养德智体美劳全面发展的社会主义建设者和接班人,并强调,学生的理想信念、道德品质、知识智力、身体和心理素质等各方面的培养缺一不可。这套丛书从100种起步,涵盖文学、科普、历史、人文等内容,涉及少年儿童健康成长的全部关键领域。面向未来,这个书系还是开放的,将根据读者需求不断丰富完善内容结构。在文本的选择上,我们充分挖掘社内"沉睡的""高品质的""经过读者检验的"出版资源，保证权威性、准确性，力争高水平的出版呈现。

通识读本，是"百角文库"的主打方向。相对前沿领域，一些应知应会知识，以及建立在这个基础上的基本素养，在少年儿童成长的过程中仍然具有不可或缺的价值。这套丛书根据少年儿童的阅读习惯、认知特点、接受方式等，通俗化地讲述相关知识，不以培养"小专家""小行家"为出版追求，而是把激发少年儿童的兴趣、养成正确的思考方法作为重要目标。《畅游数学花园》《有趣的动物语言》《好大的地球》《看得懂的宇宙》……从这些图书的名字中，我们可以直接感受到这套丛书的表达主旨。我想，无论是做人、做事、做学问，这套书都会为少年儿童的成长打下坚实的底色。

中少人还有一个梦——让中国大地上每个少年儿童都能读得上、读得起优质的图书。所以，在当前激烈的市场环境下，我们依然坚持低价位。

衷心祝愿"百角文库"得到少年儿童的喜爱，成为案头必备书，也热切期盼将来会有越来越多的人说"我是读着'百角文库'长大的"。

是为序。

马兴民
2023 年 12 月

目 录

1　张　衡

20　祖冲之

35　沈　括

59　郭守敬

74　徐光启

张 衡

(78—139)

张衡,东汉时期杰出的天文学家和文学家。他精通天文历算,创制了世界上最早用水力推动的浑天仪和测定地震的地动仪。他擅长作赋,著有《二京赋》《归田赋》,与司马相如、杨雄、班固并称"汉赋四大家"。此外,张衡在哲学、地理学、数学等方面,也有重大贡献。

读遍镇上书

东汉年间,南阳县有个叫石桥镇的地方,张衡就出生在这个镇上。

张衡的祖父虽然做过官,但是为官清正,家中并没有什么财产。等到张衡的父亲去世以后,他家的日子就变得艰难起来。

为了读书,张衡吃了许多苦头。因为当时还没有发明纸,字都写在竹片或木板上,特别有钱的人家就写在绢绸上面。像张衡这样的贫家孩子,只能抱着一捆捆的竹片,一片一片地读。这种书叫"竹简"。

那时候,用竹简写成的一部长书,能装上好几车,挑好几担。张衡捧在手里沉甸甸的,一会儿胳膊就酸了。他还要时刻当心,不能弄断穿竹简的绳子。

就这样,张衡读完了家里的竹简,又到镇上的亲朋好友家去借。这时候,张衡最喜欢文学,遇到不明白的字和词,就到处去请教,到了十几岁,他就能写出一些挺好的文章了。

张衡把自己的文章给镇上一些有学问的人看,请他们指点、批改。人家又介绍镇上一些人家的书给他读。没过几年,张衡就读遍了镇上所有人家的书。

除了读书以外,张衡还经常观察工匠们干活。他在水力鼓风炉旁边,一站就是半天,把工匠们烧旺炉火,冶炼铁水,制作铁器的过程,看个仔细。要不,张衡就摆弄竹片、树枝,做出些精巧的小玩意儿,给朋友玩。

在石桥镇上,张衡算是一个心灵手巧、有学问的人了。但是,他一点也不满足,他要到书多、有学问的人多的地方去学习,要到名山大川去游览，这在古时候叫"游学"。

有人听说他要出门到外地去，就劝他："你在咱们这里已经是有学问的人了，将来前程准错不了，何苦还要到外边去受累呀！"

张衡说："天下大得很，学问也多得很，我学的东西太少了，怎么敢说自己有学问？"

游学二京

张衡决定去二京游学。二京是长安和洛阳的合称。因为长安是西汉王朝的都城，洛阳是东汉王朝的都城。所以，当时的人们称它们为"二京"。

这一年，张衡告别了家乡，沿着一条古老的通道，向西到长安去。

一路上，张衡看到了号称八百里秦川的关中平原，游览了宏伟的秦始皇陵和西汉帝王陵。望着这一望无际的平川，和历史遗留下的古迹，张衡心潮起伏，感慨万千。

张衡在长安停留了一年，四处拜访有学问的人，听老人讲历史故事，看商人们做生意，观察老百姓的日常生活。张衡把听到和看到的事都记了下来。

沿着黄河，张衡又来到了洛阳，通过朋友介绍，他参观了全国最高学府"太学"，还在这里读了许多文学、哲学和自然科学的书籍。

在洛阳，张衡访师问友，结交了许多有学问的人。他们有的擅长音乐，有的会写文章，有的懂得各类知识。张衡恨不得把他们的学问都学到手。

崔瑗（yuàn）是张衡的朋友，他把自己在天文、历法、数学等方面的体会，全都告诉了张衡。受崔瑗的影响，张衡也开始对天文、历法等科学发生了兴趣。

有一天,崔瑗一大早去找张衡。他以为张衡准还没起床,没想到一进屋,就看见张衡已经在书案前认真读书了。

崔瑗笑着问张衡:"平子(张衡的字)真勤快呀,这么早就读书了?"

"昨晚有个问题没弄懂,直到刚才才弄明白。"张衡回答说。

"什么,你一夜没睡?"崔瑗吃惊地问。

时间长了,崔瑗就知道了,张衡对自己不懂的东西,不论怎样,一定要弄清楚才肯罢休。他向别人称赞张衡说:"平子做起学问来,就像江水日夜奔流一样,片刻不停啊!"

《灵宪》

《太玄经》是一部研究宇宙现象的哲学著

作，也谈到了天文、历算等问题。当时的人们认为这本书内容太深，读的人很少。

《太玄经》对张衡产生了很大影响，他开始把兴趣转移到对宇宙现象的探索上。张衡孜孜不倦地学习，逐渐成了全国有名的学者。他不但擅长文学，也精通科学了。

有一年，东汉皇帝汉安帝下令：要全国各地推选有学问的人到洛阳来做官，张衡也被选到京城来了。

因为张衡对天文历算有较多的研究，不久，朝廷就任命他当太史令，负责掌管天文、历法、气象、地震等方面的事。

接受任命以后，张衡高兴极了。他可以按照自己的兴趣，更多地研究天文学了。不论严冬还是酷暑，每逢晴朗的夜晚，张衡都独自一人，站在高处观察星空，记下星星在天空上的位置。

为了掌握月亮圆缺的变化,有一个月,从初一到十五,张衡晚上没有好好睡过一次觉,记下了月亮大小的变化。经过一段时间的观察,张衡终于得出了结论。他告诉大家:天上较亮的星星有一百二十四颗,能说出星名的有三百二十颗,在同一个时间、同一个地方,能见到的星星有两千五百颗,整个星空有一万多颗星。

还有,月亮是一个圆球,它自己不会发光,是太阳的光照亮了它。月亮绕着地球转动。当我们看见被太阳照亮的月亮半球的时候,月亮就是圆的。当我们只能看见一小部分被照亮的月球,它就像半圆甚至眉毛状了。

张衡把自己对月亮和星星的观察、解释,都写在了一部叫《灵宪》的著作里。这是一部在天文学史上占有很高地位的著作。

张衡在距今一千八百多年前对星星的观察，与近代科学家的观察十分接近，这是多么了不起啊！

制成浑天仪

有一天，张衡找来一些竹子，用锋利的刀把它劈成竹片。这种劈薄的竹片，叫竹篾(miè)。这可是件技巧性很高的活儿，弄不好，劈出的竹篾厚薄不匀，还会削破手指。

一连几天，张衡都坐在家中劈竹片。有人跟他开玩笑说："大人是想做篾匠吧？"

张衡只是笑笑，并不回答。等到劈出了许多宽窄、长短不同的竹片以后，他就放下刀，在竹片上刻上度数，开始编的编，圈的圈，扎起了一个圆球。

"这是什么东西?"有人奇怪地问。

"这是一种仪器,可以表现天上星星的变化。"张衡解释说。

为了使这个圆圈能转动自如,张衡装了拆,拆了装,用了很长时间。有位老木匠望着张衡变瘦的脸,心疼地说:"让我用木头替你做吧。"

"我还没有做成功呢,怎么忍心让你先做呢。再等一等吧。"张衡摆摆手说。

费了很多心思,张衡终于做好了一个模型。他找来了老木匠,请他依照这个样子,做好木模。然后,张衡又和工匠一起,烧红铁水,铸成了铁的。

要让这个球形仪器自己转动起来。张衡又想出了用漏壶滴水的办法,推动仪器自己转动。

在那个时候,还没有发明钟表。人们就用漏壶(古代计时仪器)来计算时间。通过计算,张衡在仪器内装了精致的齿轮，当漏壶不停地滴水的时候，带动仪器绕轴缓缓地旋转起来。漏壶中的水，经过一天一夜滴完了，仪器也正好转完了一圈。

"张衡造出了神器，可以准确显示天上星星的位置。"这个消息飞快地传开了，不少人都来看新鲜。

天黑了，人们有的待在屋里的仪器旁，有的站在外面看星空。这时候，仪器缓慢地转动，当仪器上标着的织女星转到了正南方，屋里的人高喊起来："织女星到正南方。"

"是正南方！"外面的人吃惊地叫起来。

一会儿，又有一颗星从东方升起来，又有一颗星落下西方。屋内仪器表示的星辰变化和外面的天象完全符合。

张衡制造的这个仪器叫"浑天仪"，也

叫"浑象"。为了说明这个仪器的结构和原理，张衡还写了一本书，叫《浑天仪图注》，一直流传到今天。根据这本书，我们可以知道汉代的浑天仪是什么样子，汉代的人怎样理解天象的变化。这本古书在我国天文学的历史上占有重要地位。

反对迷信

有一年，洛阳城举行了一次大辩论。

那时候，从皇帝到大臣，缺少科学知识，还很迷信神鬼。有些靠迷信吃饭的人，还专门编出一种书。书上说，天上有什么事情发生了，地上就有什么报应。

比如，他们说：太阳代表阳，阳是人间之主，皇帝代表阳。天上发生日食就说明皇帝要受到伤害，因此要去救皇帝。大家都得敲锣打鼓，把咬太阳的怪物吓跑，还要怪物把咬掉的太阳吐出来。月亮代表阴，皇后代表阴。发生月食，是对皇后有伤害，大家也要救皇后。

这些人还在书上画出图来，说得神秘极了。这些书就叫符，也叫图谶（chèn）。专门编这些书的人就是巫师。

皇帝、皇后和许多大臣都相信图谶。每逢发生日食或月食时，皇帝、皇后都非常害怕，不敢住在正殿里，不敢吃好饭好菜，也不敢穿好衣服，恐怕得罪了天神。后来，有些人听了巫师的话，说当时的历法不好，要求修改历法。

可是，懂科学道理的人知道这些巫师是骗人的，图谶只能制造混乱。张衡也认为，这种迷信不破除，自己这个管天文的官就没有尽到责任。于是他向人们解释说："日食和月食的发生是有规律的。每隔一定的时间，必定要发生日月食。而且，日食总发生在初一，月食总发生在十五。"

在场的人们听到这话，都点头赞成说："是这样啊！"

张衡又接着说："如果真的有怪物来吃太阳和月亮，为什么它们不偷偷地来，而在我们早就推算出来的那些时候来呢？"

要修改历法的人，再也想不出什么话来反驳张衡。他们只好低下头，灰溜溜地走了。这样，修改历法的事，也没人提了。

后来，张衡特地写了一篇奏折给皇帝，要求禁止图谶。他在奏章中说："有些人爱谈论图谶，就好像不会画画的人不画狗和马，却去画鬼一样。因为谁也不知道鬼是什么样子，可以由他乱画，而指不出他的错处。而狗和马是大家常见的，画得不像是不行的。"

由于张衡的努力,再加上科学的发展,到东汉末年,相信图谶的人就少了。

第一架地震仪

在张衡生活的时代里,常有地震发生。一个地方发生地震,周围几百里甚至几千里的地方都会感觉到。

那时候,大家对地震没有什么知识,一旦发生地震,就惊慌失措,又不知道什么地方震得最厉害,所以各种谣言都传出来,弄得人心不安,社会秩序也乱了。张衡看到这种情况,就想发明一种仪器,能够测出地震发生的大概时间,还能标出地震发生在什么方向。这样,大家就不会听信谣言了。

张衡用了好几年的工夫专心研究,做了许多试验,终于在132年制成了第一架地震仪,他给这架仪器起名叫候风地动仪。

地动仪是铜铸成的,像一个大酒坛子,足有一人多高,三四个人手拉手才能把它围起来。仪器外面分成八个方向,就是东、南、西、北、东南、西南、东北、西北,每一个方向上铸一条龙,嘴里衔着一个铜球。正对着龙嘴的下方有八个铜蛤蟆,张着大嘴巴。如果哪个方向有了地震,龙嘴里的铜球就会落下来,掉在蛤蟆嘴里。

当时有些人不相信这个仪器能感觉到地震,认为张衡是瞎折腾。其实,他们哪里知道,在这个像酒坛子的仪器肚子里装了很巧妙的"机关"哩。

138年的一天,地震仪西北方的龙突然吐出了嘴里的铜球。"当"的一声,铜球落进了蛤蟆嘴里——有地震了。

可洛阳城里没有人感到地震，不相信张衡的人，以为这一下他真的要出丑了。有的人甚至说张衡是个骗子。

没想到，过了几天，距离洛阳一千多里的陇西，有人骑马赶来向皇帝报告，说那里在几天前发生了地震。

张衡的候风地动仪灵验了。这件事轰动了京城，不少人都把张衡看作圣人。候风地动仪是全世界第一架地震仪，是我们中国人第一次用仪器记录到了地震。

任河间太守

张衡曾在河间（在现在河北省）当过太守。当时河间王刘政，仗着自己是皇帝的亲戚，称霸乡里，无恶不作。一些有钱有势的人又勾结起来，让刘政当后台，欺压百姓，弄得河间百姓叫苦连天。

张衡上任以后，四处查访，了解民情，还亲自到狱中审理案件。他释放了那些受冤枉的好人，关押了和河间王有关系的恶霸。

老百姓听说了以后，都拍手称快，而河间王却对张衡怀恨在心，处处和他作对。

不久，张衡就发现真正作恶多端的首犯，都在刘政的庇护下逃走了，而对刘政，张衡根本就无法动他一根毫毛。

看到政治上不能有所作为，学问又无法再钻研下去，张衡心中难过万分，写了《四愁诗》表达自己的这种心情。

由于心情苦闷，一年多以后，张衡就与世长辞了。

张衡是一位多才多艺、全面发展的科学家。除了在天文学、地震仪方面的贡献以外，他还制造过会飞的鸟，绘制过流行了好几百年的地形图。在历史、数学、哲学方面都有独到的研究。

张衡去世以后，被埋葬在故乡南阳的土地上，他的好朋友崔瑗为他写了墓碑。

现在，全世界人民都敬仰这位中国的伟大科学家。在月亮背面的许多环形山中，有一个环形山就取名叫"张衡"。

祖冲之

(429—500)

祖冲之,南北朝时期的数学家、天文学家、科学家。他博学多才,从天文历法到数学研究,从机械制造到音乐文学,无一不通。他创制了《大明历》,又是世界上第一个计算圆周率精确到小数点后七位的人,还设计制造过水碓磨、指南车、千里船等。

历法不准就要改

祖冲之的爷爷祖昌在朝廷里做大匠卿（主管建筑工程的官员），对数学、天文历法都有一定的研究。受爷爷的影响，祖冲之很小的时候，就对天文学产生了浓厚的兴趣。十多岁的时候，爷爷带着他拜访了著名的天文学家何承天。谈了没有几句，何承天就喜欢上了这个聪明的孩子，答应教他学习。在名师指点下，祖冲之的学问长进更快了。

有一年的八月二十九日，天空中出现了日食。人们都站在外头，好奇地往天上看。

祖冲之那年才十三岁，可已经懂得了不少天文知识。他一边看，一边琢磨：日食只有在初一的时候才会出现，今天才二十九，怎么提前了呢？会不会是历书上的日子弄错了呢？打这以后，祖冲之经常把根据历法算出的节气同实际看到的天象进行比较。经过几年的研究，他发现历书上的确有很多错误。比如，书上夏至和冬至的日子同实际差了一天；太阳和月亮的位置差了三度；行星的出现甚至要差到四十天。这些说明当时的历法已经不能用了，必须编一部新的历法。

当时通用的历法叫《元嘉历》。制定这部历法的不是别人，正是祖冲之十分敬重的老师何承天。何承天经过四十年的观察，制定了《元嘉历》。《元嘉历》比以前用的历法准确多了，大家都挺佩服何承天。可祖冲之发现《元嘉历》仍然有许多错误，怎么办呢？有人就对他说："何承天是一代大师，又花了那么多心血才编出了新历法。他才去世不久，你何必那么认真，非要改他的历法呢？"

祖冲之想了想，摇摇头回答："历法如果不准确，是要误事的。错了就得改，何老师在世，也不会反对。"

后来，祖冲之当了南徐州（现在的江苏省镇江市）的从事史（管理财政的官员）。虽然公务很忙，可他还是坚持每天观测天象。他白天看太阳的影子，晚上看天上的星星，还把观测到的数据进行计算。那时候，还没有发明珠算和笔算，计算的工具是一种叫"筹"（chóu）的小竹棍。遇到大数目字的运算，那些小棍子就要摆上一大片。就这样，在他三十三岁那年，终于编成了一部新的历法。

辩　论

祖冲之写了一份奏章，连同新编的历法一起递交给宋孝武帝，请求他同意颁行新的历法。

宋孝武帝才不愿为这事费心思呢，就对祖冲之说："我也不懂什么旧历新历的，还是让大臣们商量商量再看着办吧。"

一个叫戴法兴的大臣知道了祖冲之编写新历法的事，心中很不服气。他对别人说："祖冲之一个小小的从事史懂得什么，竟敢破坏古人的规矩，胆子也太大啦！"

戴法兴马上也给皇帝写了奏章，说了祖冲之一大堆不是，反对用他的新历法。这个戴法兴没什么学问，专会溜须拍马，很得宋孝武帝的宠信。仗着这个，他在朝中专横跋扈，仗势欺人，没人敢惹他。一些正直的官员听说戴法兴反对，也都不敢公开支持祖冲之了。

祖冲之却不怕这些，他再次上书，反驳戴法兴。于是一场辩论开始了。

戴法兴盛气凌人地说："历法都是古代圣

贤制定的，你怎么敢反对圣人违背经典呢？"

祖冲之针锋相对地说："我研究古历，发现古历有许多错误。有错误就要改，怎么能将错就错呢？再说《元嘉历》也是不久前才用的，它也是改了前人的呀！"

戴法兴又说："日月星辰的变化，都是天意安排好的。你一个凡夫俗子，怎能知道？"

"月落日升，星转斗移，并不是出自什么神怪。它们是可以观测，有数据可以推算的，这个新历法就是我算了许多年才提出来的。"

祖冲之举出许多事实，说明旧历有差错，坚持要求推行新历。

这场辩论，祖冲之理由充足，占了上风。但是许多人由于惧怕戴法兴的势力，不敢替祖冲之说话，辩论就这样不了了之了。

两年以后，宋孝武帝突然决定要用新历法

了。原来，朝中有一个叫巢尚之的老臣，仔细看了祖冲之编写的新历，觉得确实不错，就劝说宋孝武帝采用。宋孝武帝本来就没把这事看得太重，也就同意了。

祖冲之听到这个消息，十分高兴。谁知，就在这时候，宋孝武帝突然病死了。采用新历的事，没人再过问。又过了四十多年，新历法才被采用。可那时候，祖冲之已经死去十年了。

因为这部新历法是在宋孝武帝大明六年（462年）编成的，所以就叫《大明历》。

在"圆"里做文章

就在宋孝武帝死后不久，祖冲之也被革去了职务。他整天闲在家里没什么事可干，就研究起数学来了。慢慢地，他对"圆周率"产生了兴趣。

在祖冲之之前，三国到西晋时期的数学家刘徽曾经发明了"割圆术"来计算圆周率。祖冲之觉得刘徽采用的方法虽然很好，只是算得还不精确，于是他打算接着用这种方法算下去。他把自己的想法告诉了儿子祖暅（gèng）。祖暅一听，高兴地说："太好了！父亲，让我和您一起干吧！"

父子俩在书房的地上画了一个直径有一丈长的大圆，然后开始在里面画多边形，六边、十二边……九十六边，祖暅一边画，祖冲之一边在旁边用筹算计算。当画到一百九十二边形时，算出来的数值果然和刘徽算的一样。祖冲之对祖暅轻轻地说了一句："接着往下画吧。"

父子俩又继续干了起来。日子一天天地过去了。两个人的眼睛熬红了，人也渐渐瘦了下来，可大圆里的多边形却越画越多。三千零七十二边、六千一百四十四边、一万二千二百八十八边，边数越多，边长越短。父子俩蹲在地上，一个认真地画，一个细心地算，谁也不敢走神，这要是稍微出了一点差错，可就白费劲了。最后，他们在那个大圆里画出了二万四千五百七十六边形。祖暅抬起头，揉了揉又酸又疼的眼睛，说："这边长太短了，再也不能往下画了。"

祖冲之心疼地说："你快去睡一会儿吧，等一会儿我就把数算出来了。"

"不，我就在旁边看着您算。"

过了一会儿，祖冲之兴奋地对儿子说："你快看，我算出来了。大圆的周长不到三丈一尺四寸一分五厘九毫二秒七忽，一点没错。"

俩人看看摆在地上密密麻麻的小木棍，再看看大圆里的图形，不禁高兴地笑了。

祖冲之说的那些长度单位，我们早已不用了，按照现在的话说，就是圆的直径和它的周长之间的比值（圆周率）小于3.1415927。后来，祖冲之又推算出，圆周率是在3.1415926和3.1415927这两个数之间。

祖冲之是世界上第一个计算圆周率精确到小数点后七位的人，比欧洲人早了一千多年，这是多么了不起的贡献啊！

在祖冲之以前，已经有人算出圆周率近似值是$\frac{22}{7}$，祖冲之把它叫作"疏律"。他自己也提出了一个圆周率的近似值$\frac{355}{113}$，叫作"密律"。这个密律值是世界上第一次提出，所以有人提出把$\frac{355}{113}$这个数称为"祖率"，以表示对祖冲之的纪念。

指南车

有个叫萧道成的将军,平日里特别喜欢灵巧的玩意儿。有一天,他对祖冲之说:"我听说三国的马钧和后秦的令狐生都曾经造过一个指南车。车上有一个小木人,不管车子怎么转,木人的手老指着南边。我也很想要这么个东西,你看能不能造出来呢?"

祖冲之说:"既然前人能造出来,我们后人也一定能造。不过,指南车的造法已经失传,还请将军多给些时间,等我回去琢磨琢磨。"

萧道成点了点头:"好吧。最好能早些造出来。"

祖冲之回到家就忙开了,又是画图,又是计算,最后终于搞清楚了指南车的诀窍。造指南车关键是在车里面装一组精密的齿轮。当车子向右转弯的时候，有的齿轮就向左转动；车子左转弯，有的齿轮就向右转动，只要车子转弯的角度和齿轮转动的度数相等，车上小木人的手就能一直指着南方。道理搞清楚，祖冲之就开始动手制造了。

当时有一个叫索驭骥（lín）的人，在机械制造方面也很有研究。他听说了祖冲之造指南车的事，心中很不服气，就找到萧道成说："造指南车没什么了不起的，不光祖冲之会造，我也会。"

萧道成一听很高兴："那你也造一辆吧。到时候，你们两个人比一比，看谁造得好。"

不久，祖冲之和索驭骥都把指南车造好了。萧道成让他们俩把车子带到乐游苑（皇宫里的花园），当众比试比试。他带着一些官员，坐在台上观看。

一辆马车拉着祖冲之造的指南车先进了赛场。赶车的人，把车子转东转西，左拐右弯，只见车上的小木人纹丝不动，手一直指向南方。人们不禁鼓掌叫起好来。

一会儿，索驭驎造的指南车出场了。从外表上看，这两辆指南车没有什么不一样。赶车的人，把车转了几圈，车上的木人也一直手指南方。看到这里，索驭驎的脸上显出一副十分得意的神情，转过头对萧道成说："我就料到祖冲之也没什么了不起的……"

话音未落，只见车上的木人突然乱起来，手一会儿指东，一会儿指西，显得挺滑稽。

"哈哈哈！"众人都笑了起来。

索驭驎见到这情形，脸涨得通红，恨不得找个地缝儿钻进去。祖冲之走过来，诚心诚意地对他说："你的指南车造得还是很不错的。

出了偏差，这说明你的计算还不够精密。你回去只要再细心地算一下，就会成功的。我也可以帮助你。"

谁知，又羞又恼的索驭骠根本听不进去，回到家就把指南车给烧了。

祖冲之听说以后，惋惜地摇了摇头："他太看重面子了。车子毁了，真是太可惜了。"

多才多艺的科学家

祖冲之在数学上还有许多成就。他创造了许多解难题的方法。他还同儿子祖暅一起研究，得出了计算球体积的公式。他把自己在数学上的研究成果写成了一本书，名叫《缀术》。这本书是当时学生的必读书，而且还传到日本和朝鲜去了。可惜到了一千多年前，这部有价值的著作竟失传了，真是一件十分遗憾的事。

另外，他还制造过日行百余里的"千里船"。祖冲之在文学、哲学、音乐方面也很有研究。他真是个多才多艺的伟大科学家。

祖冲之在世界上的影响很大。现在，月球背面的环形山和天上的小行星，都各有一个是以"祖冲之"的名字来命名的呢！

沈 括
（1031—1095）

沈括，北宋时期的科学家、政治家。他多才多艺、学识渊博，在天文、数学、物理、化学、生物、农业、水利、地学、医药学等方面，都作出了重要的贡献。他还参与政治变革，带兵打仗，赋诗作文，研究音乐。他的代表作《梦溪笔谈》集前代科学成就之大成，被誉为"中国科学史上的里程碑"。

在司天监

沈括的父亲沈周是北宋的地方官,到过南方和北方的许多地方。沈括从小跟着父亲在各地生活,见了不少世面。他的母亲许氏是个有文化的妇女,经常教儿子读书,给他讲各种各样的知识。

沈家的书房里藏书很多,沈括一有空就到书房里去看书。不管是经书还是诗歌散文,也不管是数学还是地学水利,还有兵法方面的,他什么都读。到十四岁那年,他已经把家里的书全读完了。

二十三岁那年,沈括的父亲去世了,按当时的规定,沈括继承父业,做了个小官。后来,他到好几个地方当县令。这使他有机会施展自己的才能。

三十三岁那年，沈括考中了进士，被调到京城做官。他负责管天文历法的司天监的时候，办了一件影响很大的事。

当时司天监的官员，有很多根本不懂天文历法，对于测天仪器，更一问三不知。更可笑的是，在上报观测天文结果的时候，官员们都互相抄袭、弄虚作假。

沈括气坏了，到司天监任职不久，他就向皇帝上书，做了揭发。他说："司天监的官员只不过是占了位置拿国家钱的家伙，这样的人怎么能管理国家大事呢？"

他还举出六个表现最坏的官员，要求罢他们的官。皇帝批准以后，沈括毫不留情地把那六个人赶走了。他打听到，有个叫卫朴的人精通历法，就马上把卫朴请了来，让他参加修订新的历法。

为了观测天象，沈括亲自参加测量。一连三个月，他每天晚上都观测天象，在上半夜、午夜和下半夜，各观测一次，画了二百多张星象图。他又进行了十分精确的计算，把每天时间的差别都算了出来。这在当时世界上是没人能做到的。

周围的人见沈括这么认真负责，都打心里佩服，说："做官的，都像沈大人这样有真才实学又不辞辛苦，何愁管不好天下的事！"

然而，在那个社会里，像沈括这样的人太少。那些吃饭不干事的官员对沈括阳奉阴违，对卫朴更是百般挑剔，生怕卫朴超过他们。沈括见到这种情形，连连叹气，说："卫朴的才能虽然高超，却被无知小人阻挡，能力不能发挥出来，真是可惜呀！"

陆地和大海

1070年,宋神宗任用王安石,进行变法。王安石提出了好多新的办法,沈括听了十分高兴。他也积极参加了变法的活动。王安石对沈括也非常信任,让他主管经济和兵器制造的事。

沈括忙碌极了,经常到各地视察,帮助各地兴修水利,发展生产,还精心研究军事战术,写了好多有独特见解的书。同时,他也不放松对各类科学问题的研究。

有一年秋天,沈括到河北一带视察军务,他带着随从,来到了巍峨的太行山区。这一天,沈括一行人走在崎岖的山间小路上。深秋季节,天高气爽,群山苍茫,景色十分壮丽。大伙儿正说笑着赶路,突然有个小伙子用手指着路边的山崖惊呼起来:"你们看,那是什么东西?"

大家朝山崖上望去，见上面嵌着一些斑斑点点灰白色的东西。"好像是贝壳。"几个眼尖的人说，"不错，好像还有鹅卵石呢！"说话间，那个小伙子快步跑过去，把那些东西拿了过来。

沈括接过来一看，果真是贝壳和鹅卵石。大家觉得很奇怪，纷纷地说："这些都是大海里的东西，这里离大海有一千多里路，它们怎么会跑到这儿来了呢？"

"沈大人，您的学问好，您知道这是怎么回事吗？"

沈括也一时没琢磨出其中的道理，就说："先别急，咱们再看看别的地方还有没有这些东西。"

他边走边看，走了不远，他惊喜地说："看，那儿也有一些贝壳！"

紧接着,那个小伙子也嚷起来:"这里也有鹅卵石!"

沈括眯缝起眼睛,仔细地看着附近的山崖。他终于看出来了,嵌在山崖上的这些贝壳和鹅卵石就像一条长长的带子,一直延伸下去。

多么奇怪啊,这高山上怎么会有大海里的东西呢?沈括手里拿着一个贝壳和一块卵石,反复思索着。忽然,他那紧蹙(cù)的双眉舒展了,笑着说:"你们知道'沧海变桑田'这句古语吗?"

几个人点了点头,沈括又兴奋地说:"对呀,我们现在站着的地方,在古时候就是大海!从这里向东一千多里的陆地,过去也都是大海啊!"

大家好像都不太相信,有人问:"沈大人,你怎么知道的呢?"

沈括举起手中的贝壳和卵石说道:"就是这些东西告诉我的呀,它们只有大海里才有。这一带的山崖就是古代的海滩。你们想,黄河、漳河、滹沱(hū tuó)河、桑干河,这几条大河带着大量的泥沙,流向大海,到海口泥沙沉淀下来,地势就渐渐增高了,最后就形成了这一大片陆地。"

这道理说得多透彻啊!大家真佩服沈括的渊博知识。

沈括是个了不起的科学家,他得出的华北大平原是由河流泥沙沉积形成的结论,是符合现代科学道理的。后来,意大利科学家达·芬奇也发现了高山上有贝壳,并且得出了与沈括相同的结论,但是比沈括晚了四百多年呢!

木地图

治理国家和行军打仗都离不开地图,沈括多年担任地方行政长官和军事指挥员,所以很重视地图的研究,做出了出色的创造发明。他创制的木质立体地形图,就是其中一个突出的成就。

1074年,沈括来到定州(现在的河北省)巡查军事。他仔细检查了这里的军备情况,发现竟没有一幅边境地图,就对当地负责军事的官员薛向说:"这里离辽军很近,军中连幅地图都没有,打起仗来可怎么行呢?"

薛向说:"我们也一直想画一幅边境图,可一是怕引起敌人的注意,二是军中也没有会绘地图的人。"

沈括说:"这样吧,明天咱们带几个人去

打猎，我亲自暗中测绘地图，这样就不会引起敌人注意了。"

就这样，沈括和薛向带着一些人，每天都到地势险要的定州西部山区"打猎"。一连二十多天，沈括悄悄地在暗中勘察地形，绘制草图，辽军果真一点也没有发现。

回到定州城以后，沈括整理出草图。薛向看着图上弯弯曲曲的道道和圈圈点点的符号，有些摸不着头脑，就说："沈大人，要是这图上的山啊河的，画成跟真的一样，就好了。"

一句话提醒了沈括，要是做成一个立体地图，不就清楚了吗？可是拿什么东西来做呢？一连几天，他一直在琢磨这件事，可总也没有想出好办法来。有一天吃饭的时候，他拿起馒头咬了一口，忽然想到：和（huó）好的面捏什么像什么，用它来做立体地图不知行不行。

他顾不上吃饭，立即找来白面，为了让它结实一点，又掺上一些木屑。一试，挺好用，他照着草图，在一个平木板上捏出了山川道路，立体地图制成了。薛向来了，一看这个图，高兴地叫了起来："太好了！就像真的一样，不管是谁，都能看得明明白白啊！"

可问题又来了，到了冬天，面糊冻成了冰疙瘩，没法用它来做地形图了，沈括又想了一个办法，改用蜡来做，加热软化之后也很好用。

沈括又觉得面和蜡都不够坚固耐久，他又想到了木头。他请来一个心灵手巧的木匠，让他照着原来的地形图刻成木头模型，刻好后真是又轻便又结实。

当回到京城开封的时候，沈括把木地图献给了宋神宗。宋神宗一看，地图上的山川河流、道路峡谷，都一目了然，非常逼真。他十分高兴,马上把大臣们都叫来,一起欣赏这件杰作。他还下了一道命令,让边境各地都依照沈括的办法,制出当地的木地图,交到朝廷来,以备皇上随时查用。

沈括在前人工作的基础上,亲自勘察测绘,反复试验研究,制成了面制、蜡制和木制的地理模型图,这是一项很重大的科技成就,在世界上居于最先进的行列。直到18世纪,西方才出现了类似的地理模型,比沈括晚七百多年。

出使辽国

北宋时期,北方的辽国逐渐强盛起来,经常进攻北宋。有一年,辽国派大臣肖禧(xǐ)来到都城开封,要求重新划定两国边境。宋神宗先后派了几个大臣跟肖禧交涉,都由于肖禧态度强硬,谈判陷于僵局。

宋神宗急得不知如何是好，明明知道辽国是在敲诈，可不答应吧，万一辽国出兵打起来，就麻烦了；答应吧，又不好在大臣面前开口。正在他左右为难的时候，沈括从外地视察回来了。宋神宗就下令让沈括来处理这件事。

沈括来到枢密院（管理国家军事机密、边防的机构），细细地查阅了宋辽两国边境的档案，然后才开始同肖禧谈判。

"你们什么时候才能给我答复呢？"肖禧大模大样地说。

沈括没有理他，而是先命人展开一张地图，然后说道："我正要请教你这位使者呢。宋辽两国商议的地界本来是在长城一带，可你今天要争的地段在黄嵬（wéi）山，两地相差三十多里。你们连两国的地界都没搞清楚，就来谈判，这不是敲诈又是什么呢？"

"这……"肖禧一屁股坐在椅子上，瞪着眼说不出话来。

不久，宋神宗又派沈括出使辽国，谈判边界的事。辽国宰相杨遵勖（xù）设酒筵，款待沈括一行。

酒过三巡，杨遵勖干笑了两声，开了腔："黄嵬山一带本是我国的地盘，你们宋朝官吏，不讲信用，越境入侵。我们希望贵国处理这件事，并早日划定地界，以求两国和好。"

沈括听完这话，马上追问道："大人说黄嵬山是贵国领土，不知可有文字凭证？"

"嗯，当然有。"

"那就请拿出来让众人看看吧。"

杨遵勖没料到沈括会来这么一手，可他眼珠一转，反问道："那你们有什么凭证，能证明这个地方是你们的呢？"

"我们不但有十年前的凭证，也有今年的凭证。"沈括理直气壮地回答。他又列举了许多事实，证明黄嵬山是宋朝的土地。

杨遵勖见软的不行，就换了一副口气："难道为了这几十里土地，宋国就要和辽国断绝关系，你们就不怕我们出兵吗？"

沈括神态自若地回答："并不是我们要断绝关系，而是你们辽国威胁我大宋，一旦打起仗来，你们理屈，我们理直，有什么好怕的？"

沈括先后同辽国大臣进行了六次谈判，辽方代表最多的时候有上千人。沈括用他丰富的历史知识和地理知识，驳得那些人哑口无言。最后，辽国不得不放弃了修改边界的无理要求。

在回去的路上，沈括还把辽国的山川要塞、道路和民俗画成图，为了解辽国的实力提供了翔实的材料。

就叫"石油"吧

大家都知道,石油的用途非常多,可不一定知道"石油"这个名字是怎么得来的。这个科学的命名是由沈括做出的。并且,他还开发了石油的新用途呢!

1080年,沈括被人排挤,到外地做官,当了延州(现在的陕西省延安市)的知州(当地的行政长官)。他不计较个人的得失,一到任,就带着几个人去各地巡视。

有一天,沈括来到延长县,看见一条小河边挤了许多人,都低着头蹲在那里忙碌着什么。他走近一看,河面上漂着一层黑乎乎的油,人们手里拿着鸡毛,把这些油刮进陶罐子里。

沈括问一位老人:"这是些什么东西呀?

你们拿它回去有什么用?"

老人答道:"我们也不知道这东西叫什么。拿回去可以烧火做饭,也可以取暖。火还挺旺呢,就是烟太大,让人讨厌。"

沈括一听来了兴趣,接着又问:"您知道这黑油是从哪儿流出来的吗?"

老人用手指着前面,说:"就在前面不远的河里,这黑油一个劲儿地往外冒。"

沈括往前走了没多远,果然看见从河底的石缝儿里,正慢慢地向外冒这种黑油。沈括想看个究竟,就脱下鞋子,挽起裤脚,走到河里。他用手捞起一点黑油,呵!这东西黏黏糊糊的,还有一股臭味。

沈括命令随从们找来工具,收集了几罐子黑油,打算带回去仔细研究。

回到住处,沈括点着了黑油,只听"呼"

的一声,火苗蹿起了老高,浓烟也跟着冒了起来。不一会儿,房间里黑烟弥漫。等黑油烧完了,烟散尽了,大家相互一看,全都笑了起来,原来人们的脸上、身上全都被烟熏黑了。

沈括用手在衣服上捏下一点烟粉,仔细一看,这烟粉又黑又细又亮,不禁想:这东西要是能做成墨,倒是蛮不错。于是,他找来几个墨工,请他们试试。

墨工们把黑油烧成烟,收集起来,和上胶水,制成了一些墨锭。墨制好后,沈括马上让人研墨,亲自用这种墨来试写。嘿!写出来的字又黑又亮,比起用松木烧烟制成的墨好用多了,还节省了不少木材。沈括十分高兴,给这种墨题名为"延川石液",让墨工们大批制造。

沈括还想给黑油也起个合适的名字,他记起来,古书上记载着一种"脂水",说的就是这种东西。可是,"脂水"这个名字不太好,听起来还以为是一种什么水呢!他想:这黑油是从地底下石头缝里冒出来的,就叫"石油"不是很贴切吗?从那以后,石油这个名字就叫开了。

前面说的那种做成"延川石液"的石油烟,就是现在说的炭黑,是一种十分重要的工业原料。目前世界上的炭黑大都是用石油和石油产品制造的。

指南针是指正南吗?

如果有人问,指南针是指正南吗?对这个问题,许多人会说,当然了,指南针嘛,当然要指正南了。不过,这个答案错了!

简单地说,地球像个大磁铁,有南北两个磁极,但是,这两个磁极,并不跟地理上的南北两极重合在一起，总是稍微有一些偏差。指南针指的是地磁场的南极，从地理方向上来说，并不是正南正北，而是有点偏东或偏西。这叫作地磁偏角，是一个重要的科学概念，在理论和实践中都有很重要的意义。沈括是世界上第一个发现地磁偏角的科学家。

沈括多年带兵打仗，深知行军作战的时候，辨别方向是十分重要的，所以，他平时就很注意研究指南针的问题。

有一次，一个朋友来拜访沈括。一进门，见地上摆了个水盆，桌子上堆着几块天然磁石和几根针，沈括正低着头，对着水盆出神。这位朋友笑着问："你又在搞什么名堂啊？"

沈括这才发现有人来了，高兴地说："你快来看，我又发现了一种磁针指南的方法。"

朋友走过去，只见水盆里漂着一根针，针

上穿着一块小木片,稳稳地指着南北的方向。

朋友又问:"你还有别的指南方法吗?"

"我这里还有三种不同的指南方法。"沈括说着,从桌子上拿起一根针,在磁石上磨了几下,"这根针现在有了磁性,可以当作指南针了。"

沈括把磁针放在大拇指的指甲上,用另一只手轻轻地转动。那磁针很快就旋转起来,过了一会儿,磁针停在南北方向上不动了。

朋友看呆了,不禁说道:"嘿,真神了!"

"还可以把磁针放在光滑的碗边上,也能指南。不过,刚才这三种又麻烦又不稳,最好的办法还是这一种。"沈括拿出了一根细的蚕丝,用一点点蜡把它粘在针的中间,悬吊起来,针摆了几下,指着南方不动了。

那位朋友高兴地说:"这种方法好,又简

单又方便。"

沈括停了一会儿,继续说:"我还发现了一种很奇怪的现象,指南针并不是指正南,总是有一点点偏东。"

那位朋友听了沈括这番话,真是又惊奇又佩服。

沈括是世界上第一个发现"地磁偏角"的人。在西方,直到1492年哥伦布横渡大西洋的时候,才发现了这一现象,比沈括的发现晚了四百多年。

《天下州县图》和《梦溪笔谈》

沈括遭人排挤,后来又被软禁起来,不准进京。他想到,何不趁此机会,赶快把《天下州县图》绘制出来呢?

好几年以前,沈括就打算把全国各州县的

方位和地形画出来。可因为公事繁忙,一直没有完成。现在被贬了官,倒有了空闲,他就一心一意地画起来。《天下州县图》共二十幅,把全国各地的方位按比例都画出来,这在当时是多了不起的事啊!

沈括先后花了十二年工夫,把图画好了。皇帝听说以后,大为高兴,这才说:"沈括有功,应该嘉奖。让他进京来吧,把图带上。"

沈括这才被解除了软禁,来到京城。他决心不再做官,要求辞职。皇帝批准了,沈括就来到了润州(现在江苏省镇江)的梦溪园定居下来。

梦溪园十分幽雅安静,沈括晚年一直住在这里。他把自己一生的经历和研究成果一一记录下来,写了几十种书。其中最有名的叫《梦溪笔谈》。

这本书里，包括的学科非常多，有数学、天文、气象、地质、地理、物理、化学、冶金、水利、建筑、生物、农学、医药等，有许多成就都是当时最先进的。

《梦溪笔谈》是一部科学巨著，在世界科学史上占有重要地位。沈括的成就是多方面的，他像一颗璀璨的星星，在科学史上闪烁着光辉。

郭守敬

(1231—1316)

郭守敬,元代科学家,在天文、历法、数学、水利工程方面都有了不起的成就。他主持开凿的"通惠河",不但便利了南北交通,还解决了大都(现北京市)的水源问题。他制造了简仪等当时世界上最先进的天文仪器。他编制的《授时历》,是我国历史上使用时间最长的一部历法。

莲花漏

郭守敬很小的时候，父亲就死了，他是跟着祖父郭荣长大的。

郭荣对天文、数学、水利等科学都挺有研究，是一个很有学问的人。郭守敬从小就爱听爷爷给他讲科学故事，对自然科学产生了兴趣。他还用竹片做了些天文仪器。

郭荣发现孙子是个聪明好学的孩子，就带他拜当时的大学问家刘秉忠做老师。

刘秉忠是元代著名的学者，还帮助元世祖忽必烈统一了中国。郭守敬跟着名师学习，果然进步很快。

十五六岁的时候，有一次，郭守敬在一本古书里看到一张图画，叫作石刻莲花漏图。这是二百年前北宋一位科学家发明的，是用来计量时间的。由于这种东西已经失传很久了，一般人很难从图上看懂其中的原理和用法。郭守敬却偏偏不满足于看图，他要弄清莲花漏到底是怎么回事。

为了用漏水的壶计量时间，一定要使水均匀地漏出来，如果漏水不均匀，时间就计不准。莲花漏是在壶底下开一个小孔，让水从小孔中漏出来。郭守敬想，壶里水多时，就漏得快；壶里水少时，就漏得慢。怎样才能让水漏得一样快呢？

"保持壶里的水老是一样满就行了。"他自己回答。

"可下面小孔在漏水，水只能越漏越少呀！"他又向自己提出新问题。

"下面小孔漏水，就从上面不断加水！"

"还是不行，如果加的水和漏掉的水不一

样多，怎么办呢？"

郭守敬一步追一步，自问自答，最后终于弄明白，只要在壶的上部再开一个小孔，问题就解决了。加进来的水比漏孔漏掉的水多，壶里的水就渐渐满起来，当水满到上面的那个小孔时，水就从上面的小孔流出去，这样壶里的水就会保持在上孔的高度上，下面的漏水就保证是均匀的了。

莲花漏正是用的这个方法。从这件事，我们可以看到，郭守敬学习一门学问是多么专心刻苦啊！

初露才华

郭守敬的家乡邢州的城北，有三条由西向东流的河。早些年，河水既能灌溉周围的庄稼又能行船，人们得利不小。可后来，由于兵荒马乱，河堤年久失修，下游淤塞，河水四处泛滥，把庄稼都淹了。遇到发洪水的年头，河水还流进城里，夏天到处是泥泞，冬天又结成冰，道路十分难走。河上的一座石桥也被水冲塌了，人们只好在河上搭上木板当桥，可一到了雨季，木板又被冲跑了，要过河可真不方便。

直到元朝平定了北方以后，官府才决定修整河道，重新建那座被冲垮的石桥。这件事就交给刚刚二十一岁的郭守敬。别看他岁数不大，可干起事情来，很有心计。

他先带着几个有经验的老人和精明强干的小伙子，沿着三条河的旧河道，测量了地形，查清了水流的方向。可是，怎么才能找到那座被淹没的石桥的桥基呢？因为天长日久，当地人谁也说不清桥的准确位置，大家正在为难，郭守敬忽然说出了一个地点，认为桥基肯定就在那个地方。人们半信半疑，到那个地方挖了起来，果然挖到了桥基。原来郭守敬是根据测量结果和建桥常识，做出了准确的判断。

郭守敬带着四百多个民工修整河道，筑起河堤，重新修造了那座石桥。由于郭守敬安排得当，只用了四十多天，所有工程都完工了。

从那以后，三条河水又按照原来的水道，乖乖地向前流去。人们又可以用河水浇地，在河里行船了。

六条建议

元世祖忽必烈刚当皇帝的时候，非常重视有学问的人。著名学者刘秉忠和张文谦都被召到朝廷里做了官。

有一天，元世祖让他们举荐一些懂得水利的人。张文谦说："我倒想起一个人来，他曾经是刘大人的学生,后来跟着我办事,叫郭守敬。他聪明过人,精通天文和水利。"

"那好哇!"元世祖很有兴趣地说,"就请你把他带来见我吧!"

不久,元世祖召见了郭守敬,问起他兴修水利的事,郭守敬大声说:"北方的河有的由于战乱年久失修,河水改道;有的河由于缺乏治理,获利不大,这都要赶紧重新加以修整才行。"

"你能说说该怎样修整吗?"

郭守敬不慌不忙地说道:"大运河只通到通州(现在的北京市通州区),南方的粮食用船从河上运到那里后,还要用车运回中都(不久又改为大都,现在的北京市)。要是能修一条从中都到通州的运河,不就便利多了吗?这样,每年就可以省车钱六万缗(mín,一千文铜钱是一缗）呢。"

元世祖微微点着头，说："嗯。这个主意不错。还有呢？"

郭守敬想了想，又说："顺德（在现在的河北省南部）沣（fēng）河的河水已经改道，淹没农田一千三百多顷。应该赶紧派人去修整河道，把水引入滹沱河，这样那一千多顷地就可以耕种了。

"还有，磁州（现在的河北省磁县）东北是滏（fǔ）、漳二水的合流处，可以把二水引入沣河。沿途可以灌溉三千多顷耕地。"

郭守敬一口气说了六条建议。最后，元世祖称赞郭守敬说："要是做官的都像你这样，就没有尸位素餐的人啦！"（尸位素餐是一个成语，意思是占着官位，拿着俸禄不办事）

于是，元世祖就封郭守敬做了专管兴修水

利的官。他主持修复了许多河渠和水闸、水坝。由于成绩显著,等他回到都城以后,元世祖封他为都水监(相当于水利部部长)。

简仪和《授时历》

郭守敬四十七岁那年,朝廷把他调到太史局(主管天文历法的机构)负责制定新历法的事。当时使用的《大明历》因为年代已久,有了很大误差,很不准确。元世祖下令编制新历法。

郭守敬对大家说:"自古以来,编制历法,就要测量天体;测量天体,就要先有精确的仪器,可咱们现有的仪器太破旧了,这怎么能测量天体,又怎么编新历法呢?"

"您说怎么办?"众人齐声说。

"只有自己动手造,先造出最好的仪器再

说。"

于是,郭守敬率领大家夜以继日地制作起仪器来。整整干了三年,他们一共制出了十几种仪器,有测量天体位置的简仪,有测量日影长短的圭表,有夜间观测星星的窥几,都是当时世界上最先进的仪器,还有定时仪、日月食仪、玲珑仪,等等。

郭守敬看着这么多的仪器,高兴地挥着手说:"这下,测量天体就容易多啦!"

接着,他又提议在全国设立二十六个观测点,从不同位置观测天体。

在大都,他们修建了一座"司天台",把制好的仪器摆上去。郭守敬不分昼夜地在司天台上观测,亲自记录,得到了不少宝贵资料。这座司天台后来经过明清两代重修,就是现在北京古观象台。

经过观测，郭守敬终于编制了新历法，叫《授时历》。1281年正式使用。在这部历法里，他计算出一年为365.2425日，与地球绕太阳一周的实际时间只相差26秒。这是多么准确的计算啊！

《授时历》整整使用了三百六十三年，是我国历史上使用时间最长的一部历法。

修通惠河

前面说过，郭守敬第一次见到元世祖的时候，就建议要修一条从中都到通州的运河。不久，朝廷把都城迁到中都，改名大都。这样，每年从南方运到大都的粮食、物品就更多了。元世祖想起郭守敬出过的主意，就叫他主持修一条运河。

大都的地势是东边低西边高，必须在西边

找水，再把水引到通州。郭守敬整日奔波在城西的大山里，风餐露宿，寻找着水源，可是几年过去了，两次找水都失败了。

头一次，郭守敬打算把永定河的水引出来，可由于河水里泥沙太多，河道容易被泥沙淤塞，弄不好会引起水灾，挖了一段，只好又给填上了。第二次，他又想把西山的玉泉水先引到瓮（wèng）山泊（现在的昆明湖），再引到城里，可由于水量太少，也没有成功。

后来，元世祖又叫郭守敬修订历法，开运河的事就被搁下了。可郭守敬的心里却一直放不下。有一天，他出城办事，正赶上天降大雨。忽然，郭守敬见到前面有一支运粮的车队，正在泥泞的路上艰难地走着。有几辆马车陷在深深的泥坑里，车夫们有的吆喝着牲口，有的费劲地在后面推着车子，看着眼前这幕情景，郭守敬心里难过极了,暗暗地想:无论如何,也要把运河修成!

等到新历法编完以后,郭守敬又来到西山,重新寻找水源。最后终于在神山(现在的凤凰山)脚下找到了理想的水源白浮泉。

郭守敬决定把白浮泉的水引到大都城西边的积水潭,这一路又汇入了沙河、清河和高梁河。然后,再从积水潭把水引到通州。整个工程只用了一年半的时间就完成了。

从此,从南方运来的粮食,沿着这条新开的运河,直接就可以运进大都城了。积水潭也成了一个大码头。元世祖看到这条运河上大大小小的船只穿梭来往,非常高兴,给这条河起了个名字叫"通惠河"。

可以不退休

元世祖死后,元成宗即位。这时候,郭守敬年纪很大了,不再负责水利工程的事。可每逢遇到这种事,元成宗还是经常找他商量。有一年,元成宗打算修一条叫铁幡竿渠的河渠,就问郭守敬河渠要修多宽才合适。

郭守敬估算了一下说:"那一带山洪经常暴发,水流很急。河渠的宽度必须在五十步到七十步之间。这样才能万无一失。"

谁知,主管修渠的那个官员,根本没把郭守敬的话当回事,他对元成宗说:"郭守敬都快七十岁了,人都老糊涂了。我看河渠修三十步到四十步宽就足够了,又省工又省料,一举两得。"

元成宗一听,也觉得有理,就同意了。河

渠修成后的第二年春天，连降大雨，山洪暴发。由于河渠修得太窄，根本容不下那么大的水量，结果洪水泛滥成灾，淹死了不少人和牲口，冲毁了房屋，就连皇帝的行宫都差点被淹没了。事后，元成宗后悔不迭地说："郭太守真是神人啊！可惜我当初没有听他的话。"

从那以后，元成宗对郭守敬更器重了。几年后，他下了一道诏令，文武官员只要年满七十岁，就可以退休回家，唯独郭守敬一人例外。

后来，皇帝见他年迈体弱，上朝的时候，又免他下拜。郭守敬当时的官职是翰林、太史和司天官，后来元代就保留了一个规定，凡是担任这几种职务的官员，都不在七十岁退休之列。

徐光启

(1562—1633)

徐光启,明朝末年最杰出的科学家。他在介绍西方自然科学和发展我国的农业、水利、天文、数学等科学技术方面作出了很大的贡献,特别是他的农业科学著作《农政全书》最有名,对我国农业科学技术的发展有很大影响。

听母亲讲故事

晴朗的夏夜,是小孩子们最高兴的时候,他们围坐在大人身旁,听着美丽动听的故事。故事很多,有悲壮的,也有欢乐的;有天上的神仙,也有地下的阎王。讲故事的人有时候讲的是别人,有时候讲的是自己。徐光启的母亲讲的常常就是她自己。

"光启,你那时候还没出生呢。有一年,倭寇侵入了上海,他们杀人放火,无恶不作。"

"倭寇是什么人呢?他们为什么净干坏事?"徐光启问。

"倭寇是日本的海盗。倭寇一来,我怕遭难,就跟大伙儿一块儿跑到乡下逃难。路上,我看见那些倭寇在杀人放火,抢劫财物,真是残暴极了。"

"倭寇那么凶残,朝廷为什么不派兵去打他们呢?"徐光启愤愤地说。

"开始几次,朝廷还来不及派兵,倭寇就跑了。后来朝廷派了张经大、胡宗宪、戚继光几位大将带领官兵打败了倭寇,这几年才安宁下来啦!"

"好!打得好!我长大以后,倭寇敢再来,我就去打他们!"

"傻孩子,打仗要有武艺。你没有武艺,怎么能去打仗呢?"

"那我去学武艺,长大了当将军。"

徐光启自从听了母亲讲的故事以后,非常憎恨倭寇。他懂得了,一个国家要想不受欺负,就得有实力,生产要发展,兵力要强盛。徐光启对读《四书》《五经》和作八股文不感兴趣了,设法找来了一些兵法、数学、农学方面的书来读，钻研富国强兵的办法。

一份落选的卷子

徐光启的祖父是个商人，但是他父亲不会经商，家境就一天天穷了下来。幼小的徐光启一边帮家里干活，一边刻苦读书，学问有了很大的长进。

二十岁的时候，徐光启考中了秀才。他想趁热打铁，考上举人，取得功名，到朝廷做官，实现自己富国强兵的抱负。可是，他一连参加了几次乡试，都落榜了。原来，那时候的科举考试，考的是空洞无物的八股文，根本不看文章的内容。像徐光启这样有自己的见识、注重实用的文章，昏庸的考官当然看不上了。

这条路一时走不通，徐光启只好一边当教书先生，一边继续读书，钻研学问。后来他还到过遥远的广西去教书,这次出门使他的眼界大大开阔了。

1597年,徐光启三十五岁了,他又一次参加考试,这次的主考官是学问渊博又重实学的焦泓(hóng)。

考试很快就结束了,再有两天就要放榜了,焦泓把阅卷官们选出的头几名的卷子拿出来反复地看了几遍,觉得没有一份值得取作第一名。他失望地放下手中的卷子,随手又拿起身旁的落选考卷,随意地翻看起来。看着,看着,不由得对手中的一份卷子赞叹起来:"好!好文章!"说完又仔细地把这份卷子反复看了两遍,看完,他猛力一拍书案,大声说:"这才是难得的人才呀!只有他才配得第一名!"

后来焦泓把这份答卷定了头一名。这份卷子的主人就是徐光启。这次考中举人,使得徐光启有了出来做官，把自己的才学贡献出来的机会。要不是遇到了博学多才的焦泓，他就会被那些昏庸的考官埋没了。

徐光启中了头一名举人以后，过了七年，他又考中了进士，在朝廷专门研究学问的翰林院当了一名研究学问的官。

一本有用的外国书

从明朝末年开始，一些欧洲的传教士来到中国传教。在这些传教士里，有一个名叫利玛窦（dòu）的意大利传教士。他懂得许多科学知识，带来了许多西方的数学、天文、历法等方面的书籍和科学仪器。1600年，徐光启在南京认识了利玛窦，他很快就被那些西方的科学技术书吸引住了。他看到这些讲述数学、天文、水利、火器制造的书很有用，是富国强兵的学问,就对利玛窦说:"神父,您带来的书,有些很有用,我们想把它译成中文,您同意吗?"

"徐先生,您想译什么书呢?"

"数学是研究各种学问的基础,我想先译欧几里得的数学名著《几何原本》。"

"我看还是先译历法书吧,把它译出来,好献给皇上。"利玛窦想先讨好皇帝,没有答应徐光启的请求。

徐光启没有泄气,还是再三向利玛窦请求,又过了一年,利玛窦终于答应了先翻译《几何原本》。

翻译《几何原本》,对徐光启来说,困难的确不少。译书的时候,先由利玛窦把书的内容大意用汉话说出来,然后徐光启再加以整理。书里的许多名词术语中文里没有,需要起个合适的名，他有时为翻译好一个术语或者一个专用名词整夜睡不着觉。妻子见他这样辛苦，心疼地劝他："何苦受这份罪呢？中国的书多得很，怎么非要去翻译洋书呢？"

"你不知道，这本洋书是一本很有用的书，它详细地讲述了方、圆、平、直的道理，用处大得很呢！如果不译成中文，很多人就看不懂，学不了。你看，我累一点，能让大家方便，这难道不是大好事吗？"

由于徐光启的努力，《几何原本》前六卷翻译得很成功。不但翻译确切，文字通顺，一次就成定本，而且，他创立的点、线、四边形、钝角、锐角等名词术语，十分贴切，至今还在使用。《几何原本》是我国最早翻译成中文的西方科技书。

不轻信古人

徐光启在翰林院任职期间,他的父亲去世了。按照当时的制度,他回到家乡守孝。

徐光启办完了父亲的丧事,就亲自在坟地旁的空地上开出一小块耕地,开始试种各种庄稼和蔬菜。

唐朝人编写的本草书里说,原产在北方的芜菁(wú jīng,一种蔬菜)移种到南方,两年以后就变成了菘(sōng)菜。

徐光启读过这本书以后,心想:南方和北方的气候不同,土质也不同,这对蔬菜的生长肯定有影响。可是,同菘菜毫不相同的芜菁,移种到南方,怎么会变成菘菜呢?

于是,徐光启决定在自己的试验田里试种芜菁,验证书上的说法是不是正确。

看到徐光启试种芜菁，儿子徐骥有些不解地问："芜菁移种到南方变成菘菜，大家都这样说，古人的本草书上也这样说，您为什么还要试种呢？"

徐光启一边播种，一边回答说："你说得不错，可谁亲眼见过芜菁变成了菘菜呢？对古人的说法，我们不能轻信，是不是这样，试种一下，不就清楚了吗？"

经过徐光启连续三四年的试种，芜菁在南方不但没有变成菘菜，而且生长得很好。事实完全否定了古人的错误说法。

徐光启研究问题，总是不轻信古人，要在自己反复思考和试验后才做结论。后来他在编写《农政全书》的时候，就连收集的树皮、草根、野菜等救荒植物，他都一一尝试过，还在书里提到的地方，注上"尝过"的字样。正是徐光启这样认真的科学态度，使《农政全书》成为一部不朽的科学著作。

修改历法

一天，两份预报日食的单子送到崇祯帝面前，一份是钦天监的，一份是徐光启的。崇祯帝看完，皱起了眉头，对左右说："为什么两份单子推算的不一样呢？"

"陛下，钦天监是按《大统历》推算的，徐光启是按西洋历法推算的，所以有差异。"一个官员回答说。

"那，到底谁算得准呢？"崇祯帝有些不高兴了。

"陛下，这我们也说不好，到时候验看一下就知道了。"

验看的结果是钦天监的推算错了，徐光启

的推算正确。这下,崇祯帝可发怒了。因为那时候,皇帝往往把日、月、星、辰的天象变化和个人的命运、朝政的兴衰联系在一起,每当日食、月食发生的时候,皇帝还要率领大臣们鸣锣击鼓去救护。这么重大的事给弄错了,当然被认为是不祥的预兆了。

崇祯帝把钦天监监正召来,责问道:"你是怎么搞的?连日食也算不准!"

说完,崇祯帝就下令撤了他的职,任命徐光启到钦天监主持修改历法的事。

徐光启到钦天监以后,心想:《大统历》是依据元代郭守敬的《授时历》制定的,虽然有很多优点,可由于很长时间没有修订,也存在着许多不足。而西洋历法虽有不足,但是测算精密,也有许多长处。要想修改好新历法,只有把西洋历法和中国传统历法的优点结合起来才行。于是，徐光启就让手下人把西洋的天文、历算书籍找来，翻译成中文，参照着编制新历法。

对于徐光启的做法，一些守旧的人看了很不高兴，他们起劲儿地攻击新历法，说新历法这也不好，那也不对。

徐光启决心让事实说话，每次遇到日食、月食，就预先公布用新历法测算的结果，让大家观测验证。由于推算正确，那些保守派也就无话可说了。

在钦天监，徐光启一直坚持亲自观测天象，下属见他已经七十岁了，就再三劝他："徐大人，您这么大年纪了，还是让我们来观测。"

徐光启听了摇摇头，说："我不亲眼观测，怎么能知道天象的变化呢？"

后来，在一次上观象台观测天象的时候，

徐光启失足摔了下来,把腰和膝盖都跌伤了,连步都迈不动。他伤好以后,还是不顾劝阻,坚持上观象台观测。

经过几年的努力,修改历法的工作在徐光启的主持下,取得了很大的成功。新历法《崇祯历书》奠定了我国近三百年历法的基础。现在还在沿用的农历就是在《崇祯历书》的基础上制定的。徐光启在科学研究中,既重视民族遗产,又不排斥外来经验,冲破保守势力的阻挠,融中西科学于一炉,这在那个时代是十分可贵的。

要写一本"全书"

明朝末年,西方一些国家凭借着武力,开始侵扰我国。先是葡萄牙侵占了澳门,后来荷兰又侵占了台湾。徐光启看到这些,对国家的安危非常关心。他不断地给皇帝上书,提出自己富国强兵的主张。

有一次,徐光启和几个朋友在一起议论国事,朋友们不约而同地问他:"您近来议论很多。在您看来,眼下最要紧的事是什么呢?"

徐光启毫不犹豫地回答:"国家要富裕就得发展农业,国家要强盛,就得练兵备战。可自从唐宋以来,历代都不重视农业,朝廷没有专门的农官,做学问的人不愿意学农,连老百姓也觉得种地吃亏,这实在是大错特错了。"

"这话很对。"有个朋友接着说,"可惜我对农业也是门外汉。不知您有何打算?"

徐光启想了想,说:"我早就打算编一本书,把农业的学问好好地总结一下,也算是做件好事吧!"

"古代的农书已经有不少了,像贾思勰

（xié）的《齐民要术》、王祯的《农书》，您怎么还要再写一本呢？"朋友们说。

"我写的这本农书和以往的不同，不光要讲农业的耕作方法和季节、气候、水利、农具的学问，还要讲国家对农业制定的法令。另外，我还想把西洋各国的水利、农作方法介绍进来。"

"噢！这可是部包罗万象的全书呀！"

"对！我正打算给这本书取名叫《农政全书》呢。"

原来，徐光启这些年一直在为写一本内容比较全的农书而操劳。为写出这本价值非常高的书，他花费了一生的精力。

一本集大成的农书

1633年，徐光启当上了文渊阁大学士，成了辅助皇帝办理朝政的内阁大臣,这使他有了实现自己富国强兵愿望的机会。可是,这时候徐光启已经是七十二岁的老人了。就在这一年,他因病去世了。

徐光启在临终前,还念念不忘已经写完的《农政全书》的刊行和进行农业实验。他上书给皇帝说:"我的病已经沉重了,要是我能退休,回到家乡去种田,那该多好啊!"

徐光启死后,崇祯皇帝想到他生前学问很深,就向他的儿子索要徐光启的遗著。徐骥就把《农政全书》的书稿献给了朝廷。后来,《农政全书》经过朝廷派人整理后,于1639年正式刊行了。

这部凝结着徐光启一生心血的《农政全书》,一共有六十卷,分十二大目,五十多万字。内容从垦田、种植、农事、水利、农具制造、树艺、牧养一直讲到除虫、救荒植物等各方面农业知识，还配有许多生动翔实的插图。另外还介绍了西洋的水利、农业等知识。徐光启为了编这部农书，收集参考了三百多部古代农书和文章，集中了我国古代农书的精华，这真是一部集大成的农业百科全书啊！后来，人们把徐光启的《农政全书》和汉代的《氾（fán）胜之书》，后魏贾思勰的《齐民要术》，宋代陈旉（fū）的《农书》和元代王祯的《农书》合称为我国的"五大农书"。

徐光启不但对我国农业科学的发展作出了巨大贡献，而且对数学、天文、历法、生物等许多方面都作出了贡献。他作为第一个翻译西方的科学技术书，把西方科学知识介绍到中国来的科学家，被人们称为我国近代科学的启蒙大师，是当之无愧的。